Das Glaubensbekenntnis der Arche

arche-medien Hamburg

Bibliografische Information Der Deutschen Bibliothek

Die Deutsche Bibliothek verzeichnet diese Publikation in der Deutschen Nationalbibliografie; detaillierte bibliografische Daten sind im Internet über http://dnb.ddb.de abrufbar.

1. Auflage
Satz: Titus Vogt, Hamburg
Umschlag: BoD Verlagsservice, Hamburg
Druck: ARKA, Cieszyn (Polen)
ISBN: 978-3-934936-20-1

arche-medien
– Verlag des Gemeinde und Missionswerkes ARCHE –
Evangelisch-reformierte Freikirche
Doerriesweg 7
22525 Hamburg
☎ (0 40) 54 70 50
🖷 (0 40) 54 70 52 99
www.arche-gemeinde.de
info@arche-gemeinde.de

Inhalt

Vorwort

Der ewige und unermesslich große Gott hat sich uns gefallenen und verlorenen Menschen in Seiner Barmherzigkeit unverdient zugewandt und hat uns in der Heiligen Schrift den Plan Seiner ewigen Erlösung kundgetan. Seine Heiligkeit und unsere Sündhaftigkeit gebieten uns daher einen demütigen und gottergebenen Umgang mit der Bibel und den in ihr enthaltenen Lehren.

Wäre es nun nicht genug, das Wort Gottes selbst unsere Glaubensartikel sein zu lassen? Wozu noch ein gesondertes Bekenntnis? Selbstverständlich kann sich unser Glaube nur auf die Heilige Schrift gründen. Aber gerade sie ermahnt uns, dass jeder Christ zur Gesundheit seines Glaubens und zum Zeugnis vor der Welt ein klares Verständnis von der Lehre der Schrift braucht. Angesichts einer christlich religiösen Beliebigkeit erscheint es uns deshalb von großer Wichtigkeit, in einigen kurzen Artikeln das komprimiert aufzulisten, was die Bibel als Pfeiler und Grundfeste der Wahrheit bezeichnet (2. Timotheus 1,13).

Möge jeder Leser dieses Bekenntnisses mit Hilfe der angeführten Bibelstellen volle Klarheit über das Wesen Gottes und Sein herrliches Evangelium gewinnen und auch darüber, für welchen Glauben die ARCHE steht und welche unumstößlichen Werte und Wahrheiten ihr wichtig sind.

Pastor Wolfgang Wegert
im Dezember 2008

1. Die Heilige Schrift

Der lebendige Gott offenbart sich allen Menschen im Allgemeinen in der Schöpfung[1]. Denn an ihr kann jeder vernünftige Mensch durch Nachdenken erkennen, dass hinter allem ein ewiger und allmächtiger Gott steht[2], sodass niemand eine Entschuldigung hat[3].

Durch die Heilige Schrift, auch Bibel genannt, offenbart sich Gott jedoch in besonderer Weise, sodass Menschen nicht nur allgemeine Gotteserkenntnis, sondern auch Heil und ewiges Leben erlangen können. Wir glauben, dass die Bibel vom Heiligen Geist wörtlich inspiriert[4] und deshalb Gottes unfehlbares Wort ist, wiewohl sie zugleich in der menschlichen Eigenart der Schreiber verfasst wurde. Sie besteht aus den 39 Büchern des Alten und den 27 Büchern des Neuen Testamentes, deren Texte nur in ihrem Zusammenhang und vom Kontext der gesamten Bibel her ausgelegt werden dürfen. Sie ist ganz und gar ausreichend, nichts muss hinzugefügt oder weggenommen werden. Alle von Menschen, Kirchen oder Gemeinden formulierten Bekenntnisse, theologischen Überzeugungen und Botschaften müssen im Licht der ganzen Bibel geprüft werden.

Die Heilige Schrift ist bezüglich Lehre und Praxis verbindliche Norm und Leitlinie für das gesamte christliche Leben. Sie ist auch geistliche Speise für die Gläubigen und will deshalb täglich von ihnen gelesen, erforscht und auf das Leben angewendet werden, damit sie weise werden zur Rettung durch den Glauben, der in Jesus Christus ist[5].

---

1 Psalm 19,2
2 Römer 1,19-20
3 Römer 1,20+32; 2,1
4 2. Timotheus 3,16
5 2. Timotheus 3,15

2. Der dreieinige Gott

Wir bekennen uns zu dem Einen, einzig[6] wahren und allmächtigen Gott, dem Schöpfer Himmels und der Erden[7]. Er ist ewiger Geist[8] und existiert durch sich selbst[9] in absoluter Unabhängigkeit[10]. Er ist vollkommen in Heiligkeit, Gerechtigkeit, Wahrheit und Liebe und wandelt sich nicht. Obgleich nur ein Gott ist, dessen absolut eines Wesen nicht geteilt werden kann, müssen dennoch Gott, der Vater, Gott, der Sohn, und Gott, der Heilige Geist, als drei Personen unterschieden werden[11]. Denn der Vater ist von niemandem, Er ist weder gezeugt noch geboren. Der Sohn jedoch ist von Ewigkeit her vom Vater gezeugt worden und von Ihm ausgegangen[12]. Und der Heilige Geist wiederum geht sowohl vom Vater als auch vom Sohn aus[13]. Alle drei sind in sich selber Gott und dennoch nicht drei Götter, sondern EINER, der nur von sich selbst begriffen werden kann.

3. Der Ratschluss Gottes

Gott hat in sich selbst von aller Ewigkeit her durch den vollkommenen, weisen und heiligen Ratschluss Seines eigenen Willens frei und unveränderbar alles, was immer geschieht, festgelegt[14], was die Sünde betrifft allerdings so, dass Er weder ihr Urheber noch in irgendeiner Weise an ihr

6 5. Mose 4,35
7 5. Mose 4,19; Jesaja 45,18
8 Johannes 4,24
9 Johannes 5,26
10 Apostelgeschichte 17,25
11 Matthäus 28,19; 2. Korinther 13,13
12 Johannes 1,14+18; 3,16
13 Johannes 15,26; 16,7; Galater 4,6
14 Jesaja 14,24+26-27; 46,10; Sprüche 19,21; 16,9; Daniel 4,32; Epheser 1,11; Hebräer 6,17; Lukas 12,7; 21,18

beteiligt ist[15]. Durch diese Vorherbestimmung aller Dinge wird niemandem Gewalt angetan, sondern gerade auch durch die Freiheit menschlicher Entscheidung kommt Gottes ewiger Vorsatz zustande[16]. Sein Vorherwissen stützt sich deshalb nicht im Wesentlichen darauf, dass Er lediglich weiß, was geschehen wird, sondern darauf, dass Er es von Ewigkeit her beschlossen hat[17].

4. Die Schöpfung

Um sich selbst, Seine ewige Macht, Weisheit, Güte und Ehre zu offenbaren[18], schuf Gott, der Vater, der Sohn und der Heilige Geist[19] die Welt und alles, was in ihr ist, sowohl das Sichtbare als auch das Unsichtbare[20], innerhalb von sechs Tagen[21]. Nachdem Gott alle anderen Geschöpfe gemacht hatte, schuf Er den Menschen, Mann und Frau, nicht gleichartig, aber gleichwertig, beide nach dem Ebenbilde Gottes[22], in Gerechtigkeit und Heiligkeit ohne Sünde. Denn sie waren geschaffen worden, um zur Ehre ihres Schöpfers für immer in Seiner Gemeinschaft zu leben und die Erde zu regieren[23]. Um sich die Herrlichkeit des Paradieses zu erhalten, gab Gott ihnen Sein Gebot. Sie waren befähigt, es zu halten, jedoch mit der Möglichkeit, es zu übertreten, wobei sie der Freiheit ihres eigenen Willens überlassen waren[24].

---

15 Jakobus 1,13-14; 1. Johannes 1,5; 4. Mose 23,19
16 Apostelgeschichte 4,27-28; Johannes 19,11; Apostelgeschichte 2,23
17 Apostelgeschichte 2,23
18 Römer 1,20
19 1. Mose 1,1-2; Johannes 1,2-3; Hebräer 1,2
20 Kolosser 1,16
21 1. Mose 1,31
22 1. Mose 1,27
23 1. Mose 1,28
24 1. Mose 3,6

5. Die Vorsehung Gottes

Zur Durchführung Seines ewigen Ratschlusses erhält, lenkt und regiert Gott alle Kreaturen, Handlungen und Ereignisse[25] – von den größten bis zu den kleinsten[26] – durch Seine vollkommene, weise und heilige Vorsehung[27]. Deshalb stirbt beispielsweise ein Mensch nicht erstursächlich an seiner Krankheit oder aufgrund eines Unfalls, sondern am Willen Gottes[28]. Die übergeordnete Ursache für alle menschlich gewollten, ungewollten, zufälligen oder naturgesetzlichen Vorkommnisse ist letztendlich immer die Vorsehung Gottes[29]. Durch sie fügt Er alle Dinge bis ins Detail hinein so, dass sich nichts anderes entwickeln kann als allein die pünktliche Erfüllung Seiner heilsgeschichtlichen Ziele und die Vollendung Seiner Heiligen. Als Gläubige sind wir also nicht dem freien Spiel von Menschen, Teufeln, Zufällen oder Kräften der Natur ausgesetzt, sondern allein den weisen Fügungen der göttlichen Vorsehung, die uns ausschließlich zum Besten dienen[30], sodass es keinen Grund gibt, gegen Menschen, Umstände oder gar gegen Gott zu hadern[31].

6. Der gefallene Mensch

Trotz der herrlichen Segnungen des Paradieses waren die ersten Menschen nicht bereit, Gott zu danken und zur Ehre ihres Schöpfers zu leben. Stattdessen folgten sie lieber der Verführung Satans und brachen Gottes

---

25 Kolosser 1,17; Psalm 135,6; Sprüche 16,9; Psalm 103,19; Apostelgeschichte 17,28; 1. Timotheus 6,15

26 Matthäus 6,26-30; 10,29-31

27 Jesaja 45,9; Sprüche 16,33; Amos 3,6; Jesaja 45,7

28 Psalm 31,15-16; Hiob 14,5; Psalm 39,4-5

29 1. Mose 45,8; Johannes 19,11; Sprüche 16,4

30 Römer 8,28; Epheser 5,20

31 Klagelieder 3,34-39

heiliges Gebot[32]. Dies ließ Gott gemäß Seines ewigen Ratschlusses zustande kommen, um zum Ruhme Seines Namens heilsgeschichtlich noch viel Besseres zu schaffen[33].

Dennoch voll verantwortlich für den Einbruch der Sünde verlor der Mensch die wesentlichsten Elemente seiner Gottesebenbildlichkeit[34], sodass er nicht mehr rein, heilig, unschuldig und gerecht war und deshalb bis heute unter Gottes Zorn, ewigem Tod und Verdammnis steht[35].

Denn von Adam her, der Quelle seiner Nachkommenschaft, ist die gesamte Menschheit durch die Sünde verdorben[36] und somit ebenfalls schuldig vor Gott[37]. Durch diese Verdorbenheit seiner Natur ist jeder Mensch geistlich so tot[38], dass er das göttlich Gute hasst und alles Böse liebt[39], wodurch er tagtäglich Gottes Gesetz übertritt und allem Elend unterworfen ist.

7. Die Auserwählung und der Gnadenbund

Der Abstand zwischen Gott und Mensch ist so unermesslich groß, dass der Allmächtige ihm gegenüber zu nichts verpflichtet ist[40], auch dann nicht, wenn der Mensch alle seine Schuldigkeit vor Gott erfüllen würde[41]. Darum geschieht Gottes Zuwendung niemals aus Verpflichtung, sondern

---

32 1. Mose 3,13+17; 2. Korinther 11,3
33 Römer 11,32-36; 2. Samuel 24,1; 16,10
34 Römer 3,12+23; 7,18; Epheser 4,24; Kolosser 3,10
35 Johannes 3,36; 2. Petrus 3,7
36 Römer 5,12+19; 1. Korinther 15,20-22; Psalm 51,7; Hiob 14,4
37 Römer 3,19
38 Epheser 2,1-3+5; Kolosser 2,13
39 Matthäus 7,17-18; Römer 3,10-12; 7,18; 8,7; 1. Korinther 2,14
40 Psalm 113,4-6; 5. Mose 32,4+39; 2. Samuel 10,12; Jesaja 46,9; Psalm 50,21; 97,9
41 1. Chronik 29,14; Hiob 22,2-3; Lukas 17,10; Römer 11,35

aus freiwilliger Herablassung. Sie war auch der Grund für Gottes Gnadenbund[42], den Er gestiftet hat, nachdem sich der Mensch durch seinen Fall selbst unter Verdammnis gebracht hatte. Dieser Bund ist bereits im Alten Testament sichtbar, im Evangelium aber voll offenbart[43]. Er beruht auf dem Bundesschluss, der zwischen dem Vater und dem Sohn bezüglich der Errettung der Auserwählten von Ewigkeit her bestand[44]. Durch die Gnade dieses Bundes wird Sündern in Jesus Christus Erlösung und ewiges Leben angeboten, das diejenigen freudig im geforderten Glauben[45] ergreifen, die dazu bestimmt sind und deshalb durch den Heiligen Geist zum Glauben willig und fähig gemacht werden[46].

8. Die Verantwortung des Menschen

Die Lehre von der Souveränität Gottes, dass Er nämlich auch alle Gedanken, Worte und Handlungen der Menschen lenkt, und auch die Lehre von der Verantwortlichkeit des Menschen müssen beide getrennt gehalten werden und jede für sich, ohne sich gegenseitig zu beschränken, voll und ganz als göttliche Wahrheit geglaubt werden, und das, obwohl sich diese beiden Lehren aufgrund der Begrenzung menschlicher Logik scheinbar widersprechen. Deshalb ist jeder Mensch, ob gläubig oder ungläubig, für sein eigenes Tun auch voll verantwortlich[47]. Es ist nicht möglich, seine Verantwortung auf irgendwelche Umstände, auf andere Menschen oder gar auf Gott und Seine Vorherbestimmung abzuwälzen[48]. Deshalb ist der Mensch

42 Hebräer 8,10-13; 10,15-17; Epheser 2,12-13; Hebräer 9,15
43 Römer 16,25-27; Epheser 3,5
44 Johannes 17,9+24; Epheser 1,3-11; 2. Timotheus 1,9
45 Johannes 3,16; Römer 10,9; Galater 3,11
46 Hesekiel 36,26-27; Johannes 6,44+65
47 5. Mose 30,15; Matthäus 23,37; 25,1ff; Römer 2,5; Galater 6,7
48 Römer 2,1; Jakobus 1,13-15

auch aufgefordert, Gott zu suchen[49], sich Ihm nicht zu verschließen[50], umzukehren und an das Evangelium zu glauben[51]. Deshalb ist die Gemeinde Jesu auch aufgefordert, allen Menschen ohne Ausnahme das Evangelium zu verkündigen[52].

9. Jesus Christus

Im Folgenden werden einige wichtige Bekenntnisse über die Person Jesu Christi abgelegt, die das Geheimnis Seines Wesens, Seine Einzigartigkeit und Seine absolute Schlüsselrolle in der Welt- und Heilsgeschichte beschreiben sollen.

Der Sohn Gottes – Jesus Christus ist der Sohn des lebendigen Gottes[53], von Ewigkeit her[54] die zweite Person der Dreieinigkeit[55]. Er ist ungeschaffen[56], von einem Wesen mit dem Vater[57] und wahrer Gott[58], dem volle Ehre und Anbetung gebührt[59]. Er ist der Abglanz der Herrlichkeit des Vaters[60], der durch Ihn die Welt erschaffen hat[61] und durch den auch alle Dinge erhalten und regiert werden[62].

---

49 Amos 5,4; Jeremia 29,13-14; Apostelgeschichte 17,27
50 Hebräer 3,15
51 Markus 1,15; Apostelgeschichte 2,40; 14,15; 16,31; 2. Korinther 5,20
52 Matthäus 28,18-20; Markus 16,15-18
53 Matthäus 16,16
54 Kolosser 1,17; Offenbarung 1,17
55 1. Korinther 8,6; 1. Timotheus 2,5
56 Johannes 8,58; Hebräer 1,7-8; 7,3
57 Hebräer 1,3
58 Johannes 1,1; Hebräer 1,8+9; Johannes 20,28; Römer 9,5; 1. Johannes 5,20
59 Matthäus 2,11; 14,33; Offenbarung 5,8-14
60 Hebräer 1,3
61 Hebräer 1,2
62 Kolosser 1,17; Hebräer 1,3

Der Mittler – Es gefiel Gott in Seinem ewigen Vorsatz, den Herrn Jesus Christus gemäß des ewigen Bundes[63] zum alleinigen Mittler zwischen Gott und Menschen[64] zu bestimmen[65], damit Er das Haupt Seiner Gemeinde[66] sei, die Ihm vor allem Anfang gegeben war, damit Er sie erlösen, heiligen und verherrlichen sollte[67].

Wahrer Gott und wahrer Mensch – In der Fülle der Zeit nahm Jesus Christus menschliche Natur an[68], indem Er durch den Heiligen Geist vom Vater gezeugt und von der Jungfrau Maria geboren wurde[69]. Dadurch war Er in derselben Schwachheit wie wir, jedoch ohne Sünde[70]. Denn obwohl Er freiwillig[71] vollkommen Mensch geworden war, blieb Er zugleich dennoch Gott[72]. Das macht die Einzigartigkeit Seiner Person aus, in der göttliches und auch menschliches Wesen vereinigt ist, jedoch nicht halb und halb, sondern zu unterscheiden und unvermischt, sodass Er ganz und gar wahrer Gott und zugleich ganz und gar wahrer Mensch ist[73].

Der Erlöser – Durch diese Doppelgestalt Seines göttlichen und menschlichen Wesens war in Jesus Christus die Voraussetzung erfüllt, um überhaupt das Mittleramt durchführen zu können[74]. Dazu wurde Er auch wie kein anderer gesalbt und mit Heiligem Geist erfüllt[75]. So hatte Er die Kraft, trotz aller Schwachheit unter dem Gesetz zu sein und es in vollem

---

63 Siehe „Der Gnadenbund", Artikel 7
64 Jesaja 42,1; 1. Petrus 1,20-21; 1. Timotheus 2,5; Hebräer 12,24; 7,22; Johannes 3,16
65 Hebräer 5,4-5
66 Epheser 1,22; 5,23; Kolosser 1,18
67 Jesaja 53,10; Johannes 17,6; Römer 8,30
68 Johannes 1,1+14; 1. Johannes 5,20; Galater 4,4
69 Matthäus 1,20; Lukas 1,27+31+35
70 Hebräer 2,14+16-17; Römer 8,3; Hebräer 4,15
71 Psalm 40,8-9; Hebräer 10,5-11; Johannes 10,18; Philipper 2,8
72 Lukas 1,35; Kolosser 2,9; Römer 9,5
73 Römer 1,3-4; 9,5; 1. Timotheus 2,5
74 Apostelgeschichte 10,38; Hebräer 12,24; 7,22
75 Psalm 45,8; Apostelgeschichte 10,38; Johannes 3,34

Gehorsam zu erfüllen[76]. In dieser Unschuld war Er würdig, unser Bürge zu sein, der unter bittersten Leiden an Seinem Leib[77] und Qualen an Seiner Seele[78] unsere Sünden auf sich nahm und stellvertretend für uns[79] bis zum Tod am Kreuz das Zorngericht Gottes ertrug[80].

Auf diese Weise ist Er für alle diejenigen sicher und wirksam zum Erlöser geworden[81], die nach Gottes Vorsatz und Gnade diese ihre Errettung ergreifen[82]. Sie alle sind Christi unveräußerliches Eigentum, Sein sicherer Besitz und ewiges Erbe[83].

Am dritten Tag ist Er mit demselben Leib, in dem Er gelitten hat[84], von den Toten auferstanden[85], mit diesem fuhr Er auch in den Himmel auf, sitzt dort zur Rechten des Vaters[86] und betet für uns[87].

10. Wiedergeburt und wirksame Berufung

Da jeder Mensch aufgrund der Sünde geistlich tot und somit absolut unempfänglich für Gottes Heilsbotschaft ist[88], braucht es einen souveränen göttlichen Eingriff, um einen Sünder vom Tod zum Leben hindurch zu

---

76 Galater 4,4; Matthäus 3,15; 5,17; Philipper 2,8
77 Matthäus 26-27 (die Passionsgeschichte; bitte nachlesen)
78 Matthäus 26,37-38; Lukas 22,44; Matthäus 27,46
79 Galater 3,13; Jesaja 53,4-6; 1. Petrus 3,18
80 Philipper 2,8
81 Römer 5,19; Hebräer 9,14; 10,12+14; Römer 3,25-26
82 Epheser 1,11+13; Hebräer 9,15; Johannes 6,37+39
83 Jesaja 53,10-12; Johannes 17,6; Titus 2,14; 1. Petrus 2,9
84 Apostelgeschichte 2,23-24+27; 13,37
85 1. Korinther 15, 3-4; Johannes 20,25+27 (Jesus nach der Auferstehung in Seinem verklärten Körper)
86 Markus 16,19; Apostelgeschichte 1,9-11
87 Römer 8,34; Hebräer 9,24; 7,25
88 Epheser 2,1-3

bringen[89]. Deshalb sendet Gott Seinen Heiligen Geist[90], um Seine Auserwählten zu der von Ihm bestimmten und angenehmen Zeit zu göttlichem Leben aufzuerwecken[91]. Dadurch öffnet Er ihnen die Augen für den Zustand ihrer Verlorenheit[92] und macht sie von Herzen willig, sich durch Buße und Glauben zu Christus, ihrem Erlöser, zu bekehren[93]. Dieser übernatürliche Vorgang am Herzen eines Menschen ist ein Neuschöpfungswunder Gottes, das die Bibel auch als „von neuem geboren sein" bezeichnet[94]. Durch eine solche Wiedergeburt werden Menschen wirksam zu Christus gezogen, doch so, dass sie völlig freiwillig kommen, da sie durch Seine Gnade dazu gebracht worden sind, es selbst zu wollen[95].

11. Die menschliche Willensfreiheit

In seinem paradiesischen Stand der Unschuld besaß der Mensch die Freiheit und Fähigkeit, das zu wollen und zu tun, was vor Gott wohlgefällig ist[96]. Er war aber nicht darauf festgelegt, sodass er davon abfallen konnte[97].

Nach seinem Fall in den Stand der Sünde verblieb dem Menschen die Freiheit und Fähigkeit, in den Angelegenheiten des natürlichen Lebens nach seiner eigenen Wahl zu handeln[98]. Bezüglich der geistlichen Dinge, die mit der Erlösung verbunden sind, hat der Mensch jedoch jegliche Wil-

---

89 Epheser 2,4-5+8-9; 2. Timotheus 1,9; Römer 9,11; Titus 3,4-5
90 Hesekiel 36, 26-27
91 1. Korinther 2,14, Epheser 2,5; Johannes 5,25; Hesekiel 36,26
92 Apostelgeschichte 26,18
93 Johannes 6,37; Jeremia 31,18; 5. Mose 30,6; Philipper 2,13
94 Johannes 3,3-8
95 Psalm 110,3; Hohelied 1,4
96 Prediger 7,29; 1. Mose 1,26
97 1. Mose 2,16-17; 3,6
98 Matthäus 17,12; Jakobus 1,14; 5. Mose 30,19

lensfähigkeit verloren, sich für geistlich Gutes zu entscheiden. Das heißt, der natürliche Mensch ist aufgrund seiner gefallenen Natur dem Göttlichen grundsätzlich abgeneigt[99] und hat deshalb auch nicht den Willen und die Kraft, sich zu bekehren[100].

Wenn jedoch der lebendige Gott durch die Wiedergeburt einen Sünder in den Stand der Gnade versetzt, befreit Er ihn aus der Triebhaftigkeit und Knechtschaft der Sünde[101] und macht ihn dazu fähig, nun frei das zu wollen und zu tun, was geistlich gut ist[102], sodass er sich freudig zu Christus bekehrt.

Wegen seiner in ihm noch verbleibenden Verdorbenheit ist auch der Wille eines erneuerten Menschen nicht ausschließlich zum geistlich Guten geneigt, sondern bis zu einem gewissen Grade will er auch noch das Böse[103]. Erst im Stand der Vollendung und Herrlichkeit wird die Unterscheidungskraft des Menschen so ungetrübt sein, dass er allein und ausschließlich das göttliche Gute will und es auch tut[104].

12. Der Heilige Geist

Der Heilige Geist ist nicht eine unpersönliche Kraft, Energie oder ein Einfluss, sondern Er ist Gott, der Heilige Geist, die dritte Person der Gottheit[105], der bereits seit der Schöpfung auf verschiedenste Weise auf Erden wirkte. Zu Pfingsten jedoch erschien Er in Vertretung für den Herrn Jesus

---

99 Epheser 2,1+5; Römer 8,7
100 Johannes 6,44+65; 1. Korinther 2,14; Titus 3,3-5
101 Kolosser 1,13; Johannes 8,34+36
102 Philipper 2,13; Römer 6,18+22
103 Römer 7,15+18+19+21+23
104 Epheser 4,13; 1. Johannes 3,2; Hebräer 12,23
105 Apostelgeschichte 5,3-4; siehe auch „Der dreieinige Gott“, Artikel 2

Christus[106], um in der Welt das Evangelium zu offenbaren und es an den Herzen von Menschen anzuwenden[107].

Die Geistestaufe – Da alle Menschen „tot sind in ihren Sünden"[108], können sie Christus nicht als ihren Erretter erkennen und annehmen[109]. Deshalb ergießt[110] sich der Heilige Geist in die Auserwählten hinein, damit sie von neuem geboren[111] werden und sich bekehren.

Diesen Empfang der Gabe[112] des Heiligen Geistes zur Errettung kann man im Gegensatz zur Wassertaufe des Johannes[113] auch Geistes- oder Feuertaufe nennen. Denn wir werden durch den Heiligen Geist zu einem Leib getauft und mit einem Geist getränkt[114], wodurch wir Glieder am Leib Christi geworden sind[115]. Eine davon noch zu unterscheidende Geistestaufe empfangen Christen wiederholt zur Ausrüstung für ihren Dienst[116]. Denn immer wieder sollen wir mit dem Heiligen Geist erfüllt werden und erfüllt sein[117].

Die Innewohnung des Heiligen Geistes – Nachdem der Heilige Geist bei der Wiedergeburt das Herz eines Menschen erfüllt hat, bleibt Er in ihm[118] und bewirkt anhaltend dessen charakterliche Veränderung in die Wesensart Christi hinein[119], sodass ein solcher Mensch der Heiligung

---

[106] Johannes 16,7
[107] Johannes 16,8-13
[108] Epheser 2,1; 2,5
[109] 1. Korinther 2,14
[110] Römer 5,5; Matthäus 3,11
[111] Siehe „Die Wiedergeburt", Artikel 9
[112] Apostelgeschichte 2,38
[113] Matthäus 3,11; Lukas 3,16
[114] 1. Korinther 12,13
[115] 1. Korinther 12,18
[116] Lukas 3,22; Lukas 4,1; Apostelgeschichte 1,8; 4,8; 7,55; 8,17; 9,17; 13,3-4; 19,6; Römer 15,19
[117] Epheser 5,18
[118] Johannes 14,17
[119] 2. Korinther 3,18

nachjagt, die Früchte des Geistes[120] hervorbringt und schließlich durch denselben innewohnenden Heiligen Geist bis ans Ende beharrt[121]. Ohne diese bleibende innere Wirksamkeit des Heiligen Geistes kann niemand den Herrn sehen[122].

Die Geistesgaben – Durch die Wiedergeburt ist jeder Glaubende ein Glied am Leibe Christi geworden[123]. Und so wie jedes Organ am natürlichen Körper Funktion und Aufgabe hat, so hat auch jeder Christ bei seiner Errettung – seiner Setzung gemäß[124] – durch den Heiligen Geist Gaben zum Dienst empfangen.

Anhand von Beispiellisten[125] zeigt uns die Bibel die unerschöpfliche Fülle der Gnadengaben (Charismen). Dabei gibt es Gaben zum praktischen[126], zum geistlichen[127] und auch zum zeichenhaften[128] Dienst. Alle sind sie ohne Unterschied Geistesgaben. Darum sind die aufsehenerregenden Zeichengaben nicht höher zu bewerten als die natürlich anmutenden Gaben des Geistes[129]. Weil zum Beispiel das Zungenreden den Beter lediglich selbst erbaut, gehört es ohne konkrete Auslegung nicht in die Versammlung[130]. Geistesgaben sind auch nicht der Erweis für besondere Qualifika-

---

120 Galater 5,22
121 Philipper 1,6; 1. Petrus 1,5
122 Hebräer 12,14
123 1. Korinther 12,27
124 1. Korinther 12,18
125 Römer 12,4-8; 1. Korinther 12,4-11+28-30; Epheser 4,7-12
126 Zum Beispiel Freigebigkeit, Hilfeleistung oder Verwaltung. Römer 12,8; 1. Korinther 12,28
127 Zum Beispiel lehren, ermahnen oder das Wort der Weisheit haben. Römer 12,7-8; 1. Korinther 12,8
128 Zum Beispiel Wunderkräfte. 1. Korinther 12,10
129 1. Korinther 14,19
130 1. Korinther 14,27-28

tion[131], sondern sie nützen dem, der sie vorträgt, nichts, wenn ihre Quelle nicht die innewohnende Liebe Gottes ist[132].

Da Geistesgaben zur Erbauung[133] der Gemeinde da sind, soll sie dringend nach ihnen streben[134] und unter Beachtung biblischer Ordnung[135] diese auch anwenden. Der Heilige Geist jedoch ist es, der die Charismen nach Seinem Willen austeilt[136].

13. Lebendiger Glaube

Alle Menschen sind verpflichtet, an den einen Gott, den Schöpfer Himmels und der Erde, zu glauben[137] und auch an Sein Evangelium[138], damit sie Gott gefallen[139] und gerettet[140] werden. Darum fordert die Bibel auf, alle Menschen zum Glauben zu rufen[141]. Weil sie jedoch von Natur aus keinen lebendigen, sondern nur einen toten Glauben[142] haben, durch den sie nicht gerettet werden können, ist es nötig, einen Glauben zu empfangen, der als eine besondere Gabe und Gnade von Gott her kommt[143]. Diesen lebendigen Glauben wirkt der Heilige Geist in Verbindung mit dem Wort Gottes[144] durch die Wiedergeburt[145]. Er ist eine geistliche Sehfähigkeit[146],

---

131 Matthäus 7,20-23
132 1. Korinther 13,1-3
133 1. Korinther 12,7; 14,26
134 1. Korinther 14,12
135 1. Korinther 14,32-33
136 1. Korinther 12,11
137 Psalm 78,22; Römer 1,20
138 Johannes 16,19; Johannes 15,22; 1. Johannes 5,10
139 Hebräer 11,6
140 Markus 16,16
141 Apostelgeschichte 17,30; Markus 16,15; Matthäus 28,19
142 Jakobus 2,17; Johannes 2,23-24; 2. Thessalonicher 3,2
143 Epheser 2,8; Johannes 6,29; Hebräer 12,2
144 1. Petrus 1,23
145 1. Johannes 5,1; Johannes 1,12-13

sodass die Betreffenden Christus als ihren Erlöser erkennen, Ihm völlig vertrauen und ewiges Leben empfangen[147]. Auch wenn der von Gott gewirkte Glaube[148] viele Male angefochten und geschwächt werden kann, wächst[149] er dennoch und behält den Sieg[150], und das durch Jesus Christus, der den Glauben in uns beginnt und auch vollendet[151].

14. Buße und Bekehrung

Wenn einem Menschen durch das Wahrnehmungsvermögen[152] des ihm geschenkten Glaubens die Sicht für geistliche Dinge aufgegangen ist[153] , erkennt er sofort die Boshaftigkeit seiner gefallenen Natur, wie sie dem heiligen Wesen Gottes widerspricht und wie sie gerechterweise ewige Verdammnis nach sich ziehen muss. Darum ist ein solcher Mensch schmerzlich über seine Sünden betroffen, dass er sie bekennt, sich von ihnen abwendet und sich zu Christus bekehrt, was eine Gnade und Gabe Gottes ist[154]. Wenn diese Umkehr auch nicht unsere Sünde tilgt – das tut allein Jesus Christus durch Sein Blut –, darf dennoch niemand ohne sie Vergebung erwarten. Darum ruft die Bibel alle Menschen auf, Buße zu tun und sich zu bekehren[155]. Während die Wiedergeburt ein einmaliges und

---

[146] Epheser 1,18; 2. Korinther 4,6; Hebräer 11,1
[147] Johannes 3,36; Johannes 6,40
[148] Johannes 6,29
[149] 2. Thessalonicher 1,3
[150] 1. Johannes 5,4-5; Epheser 6,16
[151] Hebräer 12,2
[152] Hebräer 11,1
[153] 1. Korinther 2,14-15; Epheser 1,18
[154] Apostelgeschichte 5,31; 11,18; Römer 2,4; 2. Timotheus 2,25; Hebräer 12,17
[155] Apostelgeschichte 2,38; 17,30

sich nicht wiederholendes Ereignis[156] ist, ist Sündenerkenntnis, Buße und Umkehr von der Sünde jedoch ein Leben lang immer wieder vonnöten[157].

15. Die Rechtfertigung

Die Gerechtigkeit Gottes offenbart sich sowohl in Seinem Gesetz[158] als auch in Seinem Sohn Jesus Christus[159]. Da wir das heilige und geistliche Gesetz Gottes wegen der Schwachheit unseres sündhaften Fleisches nicht erfüllen[160] und wir deshalb unter Verdammnis stehen, hat Gott die Gerechtigkeit, die Er im Gesetz fordert, in Jesus Christus denen frei geschenkt[161], die glauben. Uns werden dabei nicht unsere Werke und Verdienste und auch nicht irgendetwas, was in uns ist, als Gerechtigkeit angerechnet[162], sondern die Gerechtigkeit schaffende Sühne, die Christus am Kreuz für unsere Sünden vollbracht hat[163], und auch Sein vollkommener Gehorsam dem göttlichen Gesetz gegenüber[164] werden uns als Gerechtigkeit angerechnet[165], die vor Gott gilt. Das heißt, obwohl Christen noch sündigen[166], gelten sie aufgrund dieses richterlichen Aktes Gottes, durch den ihnen unverdient die Gerechtigkeit Christi zugerechnet wird, als ein für allemal gerecht und unverklagbar[167].

---

156 1. Petrus 1,23
157 1. Johannes 1,9
158 Psalm 119,142; Römer 7,12
159 Psalm 45,8; Römer 10,4; 1. Johannes 2,1; 1. Petrus 3,18
160 Römer 7,14
161 Römer 8,32
162 Römer 3,20; Galater 2,16
163 Römer 3,24; 5,9; 1. Johannes 1,7
164 Jesaja 53,9; Matthäus 5,17; Johannes 8,46; Hebräer 4,15; 1. Johannes 3,5
165 Römer 5,19; 1. Korinther 1,30-31
166 1. Johannes 1,8-10
167 Römer 8,1; Römer 8,33; 1. Korinther 6,11

Diese Rechtfertigung ist allein ein Gnadenwerk Gottes[168], die wir ausschließlich durch den Glauben[169] erkennen, aufnehmen und festhalten können, wobei der Glaube kein verdienstvolles Werk[170] des Menschen, sondern ebenfalls eine freie Gabe Gottes ist[171].

Die in der Rechtfertigung gefundene Heilssicherheit versteht der wahrhaft Glaubende jedoch nicht als Decke für ein leichtfertiges Leben[172], sondern als machtvollen Anlass, aus tiefster Dankbarkeit nach Gehorsam und praktischer Gerechtigkeit zu streben.

16. Annahme an Kindes Statt

Allen denen, die von neuem geboren und gerechtfertigt sind, spricht Gott auch zu, dass sie um Jesu willen Kinder Gottes sind[173]. Während Christus von Ewigkeit her Gottes eingeborener Sohn ist, sind wir Seine angenommenen Kinder[174], die der Vater aber mit der gleichen Liebe liebt, mit der Er auch Seinen Sohn Jesus Christus liebt[175]. So werden wir Seine Brüder[176] genannt und sind voll und ganz Kinder Gottes mit allen dazugehörigen Freuden, Freiheiten, Rechten und Pflichten[177]. Sie tragen deshalb auch Gottes Namen[178], erfreuen sich des Geistes der Kindschaft[179] und haben

---

168 Römer 4,5; 8,33
169 Römer 1,17; 3,22; Galater 2,16; 3,6; Philipper 3,9; Hebräer 10,38
170 Römer 3,24
171 Johannes 6,29; Epheser 2,8-9
172 Römer 3,8; Galater 2,17-18
173 Johannes 1,12-13; 1. Johannes 3,1; Römer 8,16
174 In Römer 8,15, Galater 4,5 und Epheser 1,5 steht deshalb das griech. Wort υἱοθεσία (huiothesia) = Adoption
175 Johannes 17,23+26
176 Römer 8,29
177 Lukas 10,20; Römer 8,17+21
178 2. Korinther 6,18; Offenbarung 3,12; 22,4
179 Römer 8,15

freimütigen Zugang zum Thron der Gnade[180]. Auch dürfen sie „Abba, Vater“ rufen[181] und empfangen von Ihm Erbarmen, Schutz, Fürsorge und Erziehung[182]. Weil sie Kinder sind, werden sie auch niemals verstoßen[183], sondern sie sind bis auf den Tag ihres Eingangs in die Herrlichkeit des Vaters versiegelt[184] und empfangen als Erben[185] die Verheißung des ewigen Heils.

17. Die Gewissheit des Heils

Diejenigen, die wahrhaftig an den Herrn Jesus Christus glauben, Ihn aufrichtig lieben und sich im Vertrauen auf Ihn ehrlich bemühen, in einem guten Gewissen vor Gott und Seinem Wort zu wandeln, können in diesem Leben fest versichert sein, dass sie sich im Stand der Gnade befinden[186]. Sie können sich ohne Zweifel und ungetrübt auf die Herrlichkeit Gottes freuen. Diese Gewissheit ist nicht eine bloß mutmaßliche und subjektive Meinung, die auf einer fehlbaren Hoffnung beruht, sondern sie ist eine unfehlbare Glaubensgewissheit, die sich auf die Heilszusagen stützt, die Gott auf der Grundlage der Gerechtigkeit Christi und Seines vergossenen Blutes im Evangelium unwiderruflich gegeben hat[187]. Der lebendige Glaube ergreift diese Verheißungen so fest[188], dass wir volle Gewissheit[189] erfahren und der Heilige Geist unserem Geist bezeugt, dass wir Kinder Gottes

---

180 Epheser 2,18; Hebräer 4,16
181 Römer 8,15; Galater 4,6
182 Hebräer 12,7
183 Johannes 10,27-30; Psalm 94,14; Jesaja 54,8-9; Klagelieder 3,31
184 Epheser 1,13; Epheser 4,30
185 Römer 8,17; Galater 4,7; Hebräer 1,14
186 1. Johannes 3,1
187 2. Korinther 1,20; Hebräer 6,17-19
188 Hebräer 11,1-2
189 Hiob 19,25; Römer 8,38-39; 1. Korinther 2,12; 2. Korinther 5,1

sind[190]. Unser Gnadenstand ist uns auch dadurch vergewissert, dass wir durch die Wirksamkeit des Heiligen Geistes der Wesensart Christi immer ähnlicher werden[191].

Die Heilsgewissheit wahrer Gläubiger kann aber auch auf verschiedene Weise erschüttert und sogar unterbrochen werden[192]. Das kann zum Beispiel dadurch geschehen, dass sie plötzlich und heftig angefochten werden oder sie in eine bestimmte Sünde fallen, die ihr Gewissen verwundet und den Heiligen Geist betrübt[193]. Aber auch wenn sie einfach nur Bibel und Gebet vernachlässigen, die Versammlungen verlassen und dem Abendmahl fernbleiben, kann ihnen ihre Heilsgewissheit verdunkelt werden.

Dennoch verlieren sie nicht ihre Seligkeit[194]. Denn sie sind wahre Kinder Gottes, in deren Herzen der unvergängliche Same[195] Gottes wohnt. Darum bewahrt sie der Heilige Geist vor völliger Verzweiflung[196] und belebt zur rechten Zeit ihre Heilsgewissheit wieder neu, sodass sie das Glück ihrer Erlösung wieder voll genießen können[197].

18. Die Heiligung

Während uns die Rechtfertigung in einen endgültigen, festen Stand hineinstellt[198], ist die Heiligung ein lebenslanger Prozess[199]. Bei der Wiedergeburt wird uns zu unserer alten, unerlösten Natur eine neue hinzugege-

---

[190] Römer 8,16
[191] Matthäus 7,20; Lukas 6,44; 1. Johannes 3,9+14; Johannes 5,4+18
[192] Psalm 13,2; Psalm 30,8
[193] Psalm 32,3-5
[194] Johannes 10,28
[195] 1. Petrus 1,23
[196] Lukas 22,32
[197] Psalm 42,6; Psalm 51,14
[198] 1. Korinther 6,11
[199] Römer 6,5-6; 2. Korinther 3,18, Galater 4,19; Philipper 3,10;

ben, nämlich die des Herrn Jesus Christus[200]. Zwischen diesen beiden in uns wohnenden Naturen entsteht ein lebenslanger, unversöhnlicher Kampf[201]. Durch die überlegene, heiligende Kraft Christi in uns wird die Herrschaft der Sünde in der Weise gebrochen, dass auf der einen Seite die sündhaften Begierden des alten Menschen mehr und mehr geschwächt und abgetötet werden[202]. Auf der anderen Seite werden die heiligen Wesenszüge des neuen Menschen so belebt und gestärkt[203], dass wir schließlich das Ebenbild Gottes, wie es in Christus vollkommen ist, widerspiegeln und in Gottes Herrlichkeit aufgenommen werden[204].

Die Heiligung ist ein Werk Gottes, das Er durch Seinen Geist und durch Sein Wort an den Herzen der Seinen durchführt[205]. Aber auch durch alle Ereignisse und Lebenserfahrungen heiligt der Herr Seine Kinder, sodass sie dadurch väterlich erzogen, zu geistlicher Reife gebracht und für ein himmlisches Leben zugerüstet werden[206]. Zudem sind wir aufgefordert, durch die Gnade Gottes die Heiligung auch selbst zu erstreben und sie durch konkreten Gehorsam dem Wort Gottes gegenüber ganz aktiv zu fördern[207]. Leider versagen wir dabei immer wieder, dürfen aber täglich durch das Blut Jesu Christi neue Vergebung empfangen[208], sodass wir künftig immer vorsichtiger wandeln[209], sodass die Gemeinschaft mit dem Herrn immer inniger wird[210].

---

200 2. Korinther 5,17; Römer 8,9-10; Kolosser 1,27
201 Galater 5,17; 1. Petrus 2,11; Römer 7,14-23
202 Römer 6,14; Galater 5,24
203 Kolosser 1,11; Epheser 3,16-19
204 1. Johannes 5,4; 2. Korinther 3,18; 7,1
205 Johannes 17,17; Epheser 5,26; 2. Thessalonicher 2,13
206 1. Thessalonicher 5,23; 1. Korinther 1,8
207 1. Petrus 1,15-16; 3,15; Philipper 4,8; Epheser 2,10; Kolosser 3,12
208 Matthäus 6,12; 1. Johannes 1,7+9; 2,1-2
209 1. Petrus 5,8: 1. Thessalonicher 5,6
210 Johannes 17,20+22-24+26

19. Die Taufe

Der Herr Jesus Christus selbst hat in Verbindung mit dem Missionsauftrag die Taufe im Namen des Vaters, des Sohnes und des Heiligen Geistes befohlen[211]. Sie ist das äußere Zeichen für die Eingliederung in die Gemeinde Jesu[212] und soll an denen vollzogen werden, die in ihrer Taufe bekennen, dass sie durch den Glauben innerlich mit Christus vereinigt, gekreuzigt, begraben und auch mit Ihm auferstanden sind[213]. Denn durch die Gnade der Buße und Bekehrung[214] haben sie ihr altes Leben des Unglaubens in den Tod gegeben und sind zu einem neuen Leben mit Christus auferstanden. Weil das Taufwasser ein Gleichnis für das Grab ist, durch das Christus vereint mit dem Glaubenden hindurchgegangen ist, ist es auch angemessen, den Täufling unterzutauchen.

Auch wenn nur der Glaube heilsnotwendig[215] ist, soll jeder Christ dennoch die Taufe begehren, da sie unerlässlich ist zum Erweis unseres Gehorsams und unserer Hingabe Christus gegenüber, der sich auch selbst als unser Vorbild taufen ließ.

Da für die Taufe kein besonderer christlicher Reifegrad Voraussetzung ist, sondern nur das Bekenntnis, aus Glauben gerettet worden zu sein[216], soll sie nach kurzer Unterweisung[217] frühzeitig nach der Bekehrung[218] als Ausdruck unverdienter Gnade vollzogen werden, damit jeder Christ ein gutes Gewissen[219] haben und sein Heil ungetrübt genießen kann.

---

211 Matthäus 28,19
212 Apostelgeschichte 2,41; Galater 3,27
213 Römer 6,3-6
214 Apostelgeschichte 2,38; 22,16
215 Markus 16,16
216 Apostelgeschichte 8,37
217 Apostelgeschichte 8,35-38; 16,32-33
218 Apostelgeschichte 2,41; 8,12; 9,18
219 1. Petrus 3,21

20. Das heilige Abendmahl

Unser Herr Jesus setzte in der Nacht, in der Er verraten wurde, als Zeichen des Neuen Bundes[220] die heilige Feier des Abendmahles ein[221], die Seine Gemeinde solange wiederkehrend halten soll, bis Er kommt[222]. Sie ist ein Akt der Anbetung zur Erinnerung an Christi sühnendes Leiden und Sterben[223] und zugleich eine Verkündigung der Heilstat Christi[224]. Brot und Kelch[225] beim Abendmahl sind ein Zeichen (nicht jedoch die Realpräsenz) des gebrochenen Leibes und des vergossenen Blutes Christi. Indem die Gläubigen essen und trinken, wird ihnen vergewissert, dass Christus gegenwärtig ist und sie an Ihm und den Wohltaten Seiner Erlösung ewig Anteil haben[226]. Deshalb ist das Abendmahl auch Ausdruck innigster Gemeinschaft zwischen Christus und Seiner Gemeinde[227] und allen wahren Gläubigen untereinander[228]. Damit uns das Mahl des Herrn nicht zum Gericht, sondern zur Förderung des geistlichen Wachstums gereicht, sollen wir uns selber prüfen, ob wir nur äußerlich essen und trinken oder ob wir Christus auch von ganzem Herzen durch den Glauben in uns aufnehmen[229].

---

220 Markus 14,24
221 1. Korinther 11,23-24
222 1. Korinther 11,25-26
223 1. Korinther 11,24-25
224 1. Korinther 11,26
225 Matthäus 26,28
226 Johannes 6,53-56; Matthäus 26,26-28
227 1. Korinther 10,16
228 1. Korinther 10,17; 12,12+27
229 1. Korinther 11,27-29

21. Der Missionsbefehl

Der Herr Jesus Christus hat Seinen Jüngern kurz vor Seiner Himmelfahrt das Vermächtnis Seines weltweiten Missionsbefehls hinterlassen[230]. Mit ihnen gemeinsam wird darin die gesamte Christenheit aufgefordert, das Evangelium allen Menschen aller Völker und aller Nationen zu verkündigen. Und das soll ohne Ansehen der Person, das heißt unabhängig von Alter, Geschlecht, Sprache, Rasse, Bildung und Besitz, geschehen. Zum Missionsbefehl gehört auch die lehrmäßige Unterweisung der biblischen Wahrheiten, damit dadurch Menschen konkret zu Jüngern Christi werden und weltweit örtliche Gemeinden entstehen.

Da Jesus Christus der einzige Weg zu Gott ist und davon ewiges Leben oder ewiger Tod abhängt, darf der Missionsbefehl auch da nicht Halt machen, wo das Evangelium von Staats wegen oder aus anderen Gründen verboten ist[231]. Jedoch soll es mit Weisheit, mit Besonnenheit und unter allen Umständen ohne Gewalt geschehen, und zwar im Vertrauen darauf, dass der Heilige Geist die Herzen durch die Macht Seiner Liebe gewinnt, die zum ewigen Leben bestimmt sind.

Der Missionsbefehl darf auch von niemandem eingeschränkt oder gar zurückgezogen werden, sondern er gilt bis zur Wiederkunft Christi, dem Zeitpunkt, an dem die volle Zahl[232] derer erreicht ist, die gerettet werden sollen. Bis dahin sollen wir Seelen gewinnen[233] und besonders für die beten, die wegen ihres Bekenntnisses verfolgt und sogar getötet werden.

---

[230] Matthäus 28,18-20; Markus 16,15-16; Lukas 24,47-48; Apostelgeschichte 1,8

[231] Apostelgeschichte 5,29

[232] Römer 11,25

[233] Johannes 9,4; 1. Korinther 9,22

22. Die Gemeinde

Gemeinde heißt im Neuen Testament soviel wie „Herausgerufene“[234]. Sie besteht aus den Auserwählten, die aus aller Welt und aus allen Zeiten in Christus Jesus als ihrem Haupt vereinigt wurden oder noch werden. Diese Wiedergeborenen[235] bilden im Himmel und auf Erden die eine universale, sichtbar nicht abgrenzbare Gemeinde. Sie ist der Leib Christi, Seine Braut, die Herde, die Familie oder auch das Israel Gottes und Sein Tempel.

Diese allumfassende Gemeinde wird auf der Erde besonders in ihren örtlichen Versammlungen erkennbar, die, jede für sich genommen, ebenfalls den Leib Christi abbilden. Die Gläubigen in der Ortsgemeinde bleiben unter biblischer Leiterschaft verbindlich in der Lehre, in der Gemeinschaft, im Brotbrechen und im Gebet[236], damit sie alle eins seien[237] und in allen Stücken wachsen zu dem hin, der das Haupt ist[238].

23. Gute Werke

Gute Werke, die vor Gott bestehen, sind nicht die, die sich unwiedergeborene Menschen einfach ausdenken[239]. Auch wenn Ungläubige Wohltätigkeiten erbringen, die von der Sache her Gottes Gebot entsprechen, und es besser ist, dass es sie gibt, als dass es sie nicht gibt, sind sie dennoch sündig vor Gott[240]. Denn auch die noch so gut gemeinten Werke der Ungläubigen werden nicht zur Ehre Gottes[241], sondern aus einem un-

---

234 Griechisch: ἐκκλησία (ekklesia)
235 Hebräer 12,23
236 Apostelgeschichte 2,42
237 Johannes 17,21-22
238 Epheser 4,15
239 Matthäus 15,9; Markus 7,8; Kolosser 2,8
240 1. Mose 4,3+5; 1. Korinther 13,3; Hebräer 11,4+6; Römer 3,12-18
241 Matthäus 6,2; 1. Korinther 10,31; Kolosser 3,17; 1. Petrus 4,11

gereinigten Herzen heraus getan, das sich grundsätzlich im Unglauben und Widerspruch zu Gott befindet[242]. Deshalb kann kein Mensch durch gute Werke gerettet werden[243], auch dann nicht, wenn sie aus bester Absicht heraus getan werden.

Auch Christen erbringen aus sich selbst keine guten Werke, die vor Gott gelten[244]. Die schafft ausschließlich der Heilige Geist[245], indem Er in ihren Herzen das Wollen und Vollbringen dazu wirkt[246]. Die guten Werke von Gläubigen sind also nicht Ursache, sondern Resultat ihrer Wiedergeburt. Sie sind Frucht und Kennzeichen ihrer erneuerten Natur[247], die darin besteht, dass sie sich aus Liebe und Dankbarkeit eifrig bemühen, Gutes zu tun und in dieser Pflicht nicht nachzulassen[248]. Dafür empfangen sie himmlischen Lohn, der auch nicht Verdienst, sondern ein Lohn der Gnade[249] ist.

24. Das Leben nach dem Tod

Die Körper der Menschen werden nach dem Tod wieder zu Staub verwesen[250]. Doch da ihre Seelen, die weder sterben noch schlafen, eine unsterbliche Seinsweise besitzen, kehren sie sofort zu Gott zurück, der sie gegeben hat[251]. Die Seelen derer, die aus Gnade gerecht und in der Heiligkeit vollkommen gemacht worden sind, werden in die Herrlichkeit des Himmels aufgenommen. Dort werden sie bei Christus sein und das Ange-

---

242 Römer 8,7
243 Römer 3,20; 4,6; Galater 2,16; Epheser 2,8-9
244 Johannes 15,4-5
245 Römer 8,3-4; Galater 5,22-23; Epheser 2,10
246 Philipper 2,13; Hebräer 13,21
247 Matthäus 7,20
248 Epheser 2,10; 2. Thessalonicher 3,13; Galater 6,9; Hebräer 13,16
249 Römer 4,4; 11,35-36; 1. Korinther 4,7
250 1. Mose 3,19; Psalm 104,29
251 Prediger 12,7; Apostelgeschichte 7,59

sicht Gottes sehen[252], während sie noch auf die Erlösung ihres Körpers warten[253]. Die Seelen der Gottlosen werden in die Hölle geworfen, wo sie in Qualen und äußerster Finsternis bleiben, aufbewahrt für den großen Tag des Gerichts. Außer diesen beiden Aufenthaltsorten für die von ihren Körpern getrennten Seelen kennt die Schrift keinen.

25. Die Wiederkunft Christi

Jesus Christus wird am Ende der Tage in Macht und Herrlichkeit wiederkommen. Er wird dabei persönlich, körperlich, sichtbar und triumphierend erscheinen[254]. Mit diesem Seinem zweiten Kommen wird Er Sein Erlösungswerk krönen, die Zeitgeschichte dieser Welt für immer beenden und ein endgültiges Gericht halten[255]. Dieses gewaltige Ereignis wird durch die Entrückung der Gläubigen[256] eingeleitet. Zuerst werden die Leiber der bereits verstorbenen Kinder Gottes aus den Gräbern auferstehen und dann mit den noch lebenden Christen gemeinsam in die Herrlichkeit Gottes entrückt[257]. Dort findet die Hochzeit Christi, des Lammes Gottes, statt[258], dessen Braut die Gemeinde[259] der Auserwählten ist, aus allen Zeiten und allen Völkern. Dort empfangen sie ihre endgültige Herrlichkeit und werden für immer mit Christus herrschen.

Zeit und Stunde der bevorstehenden Wiederkunft Christi weiß niemand und kann auch von niemandem berechnet werden[260]. Jedoch gibt es

[252] Lukas 23,43; 2. Korinther 5,8; Philipper 1,23; Hebräer 12,23
[253] Römer 8,23
[254] Matthäus 16,27; 24,30; Apostelgeschichte 1,11; Hebräer 9,28; Offenbarung 1,7
[255] Matthäus 24,3; 16,27
[256] 1. Thessalonicher 4,17
[257] 1. Thessalonicher 4,16-17
[258] Offenbarung 19,7-8; 21,9; Matthäus 22,2
[259] Epheser 5,23
[260] Matthäus 24,36+44; 1. Thessalonicher 5,2-3

eindeutige Zeichen der immer näher kommenden Wiederkunft des Herrn[261]. Zum Beispiel wird das Evangelium zuvor allen Völkern verkündigt[262], und auch viele Juden werden sich zu Christus bekehren[263]. Die Gott- und Gesetzlosigkeit wird Übergewicht bekommen[264], Christen werden in aller Welt verfolgt werden[265], und viele falsche Propheten und Irrlehrer werden auftreten[266]. Ebenso nennt die Bibel die Zunahme von Krieg, Terror und Gewalt[267] sowie das Anwachsen schwerer Naturkatastrophen[268] ein Zeichen der letzten Zeit.

Die Wiederkunft Christi wird für alle die, die unvorbereitet sind, eine schreckliche Katastrophe sein. Darum sollen wir als echte Christen erfunden werden, die ihr Leben so führen, dass sie durch die Gnade des Heiligen Geistes jederzeit bereit sind[269], Christus zu begegnen.

---

[261] Matthäus 24,3+32-33
[262] Matthäus 24,14
[263] Römer 11,25-26
[264] Matthäus 24,10+12; 2. Timotheus 3,1-5; 2. Thessalonicher 2,1-12; 2. Petrus 3,3
[265] Matthäus 24,9-10
[266] Matthäus 24,4+11+23-25; 1. Timotheus 4,1
[267] Matthäus 24,6-7
[268] Matthäus 24,7; Lukas 21,11
[269] Matthäus 24,44; 25,10